GW01402666

A Life of Dreams: Bilingual Portuguese-English Stories for Portuguese Language Learners

Pomme Bilingual

Published by Pomme Bilingual, 2024.

While every precaution has been taken in the preparation of this book, the publisher assumes no responsibility for errors or omissions, or for damages resulting from the use of the information contained herein.

A LIFE OF DREAMS: BILINGUAL PORTUGUESE-ENGLISH STORIES FOR PORTUGUESE LANGUAGE LEARNERS

First edition. October 9, 2024.

ISBN: 979-8224542789

Written by Pomme Bilingual.

Table of Contents

A Última Carta

E ra uma manhã ensolarada quando Clara decidiu organizar o sótão de sua casa. O cheiro de mofo e poeira era forte, mas ela estava determinada a limpar o espaço, que havia sido esquecido por anos. Enquanto vasculhava as caixas empoeiradas, Clara encontrou uma caixa antiga, feita de madeira escura. O fecho estava enferrujado, mas com um pouco de esforço, conseguiu abri-la.

Dentro, havia uma pilha de cartas amareladas, todas escritas em uma caligrafia que ela reconheceu instantaneamente como a de sua mãe, Maria. O coração de Clara disparou ao ver aquelas cartas, que ela nunca soubera que existiam. Era como se um pedaço do passado estivesse ali, esperando por ela.

Enquanto sentava-se no chão do sótão, com a luz do sol filtrando através das janelas, Clara começou a ler a primeira carta. O conteúdo a surpreendeu. Sua mãe falava sobre sua juventude, seus sonhos e frustrações. Clara se lembrou de como, durante sua infância, sempre teve a impressão de que sua mãe estava distante, ocupada com suas próprias batalhas. Através das cartas, Clara começou a entender os desafios que sua mãe enfrentou, os medos que a assombravam e os sacrifícios que fez pela família.

Em cada carta, Clara encontrava segredos que sua mãe havia guardado por tanto tempo. Havia uma carta onde Maria confessava seu arrependimento por não ter sido mais presente na vida de Clara, explicando que a culpa a seguia como uma sombra.

Clara sentiu um nó na garganta. A dor e a raiva que acumulou ao longo dos anos começaram a se dissipar, substituídas por uma profunda empatia.

Conforme continuava lendo, Clara encontrou passagens que falavam de amor, esperança e perdão. Uma carta, em particular, destacava-se. Nela, sua mãe descrevia a primeira vez que viu Clara e como seu coração se encheu de amor. As palavras de Maria ressoaram com tanta força que Clara se viu chorando. Era como se sua mãe estivesse ali, falando diretamente com ela.

Ao terminar a leitura, Clara sentiu um misto de emoções. A raiva que sentira por sua mãe por não ter sido a mãe ideal começou a se transformar em compreensão. Ela percebeu que, assim como qualquer ser humano, sua mãe cometera erros. A caixa de cartas se tornara um meio de conexão entre elas, uma ponte entre o passado e o presente.

Clara guardou as cartas cuidadosamente, prometendo a si mesma que nunca mais as deixaria esquecidas. Elas eram mais do que palavras em papel; eram a história de uma mulher que, apesar de suas falhas, sempre amou profundamente. Naquele dia, Clara fez as pazes com o passado e encontrou um caminho para o perdão.

The Last Letter

―――――

I t was a sunny morning when Clara decided to clean out her attic. The smell of mildew and dust was strong, but she was determined to tidy up the space that had been forgotten for years. As she rummaged through the dusty boxes, Clara stumbled upon an old wooden box. The clasp was rusty, but with some effort, she managed to open it.

Inside was a pile of yellowed letters, all written in a handwriting she instantly recognized as her mother Maria's. Clara's heart raced at the sight of those letters, which she had never known existed. It was as if a piece of the past had been waiting for her.

As she sat on the attic floor, with sunlight filtering through the windows, Clara began to read the first letter. The contents surprised her. Her mother spoke about her youth, her dreams, and frustrations. Clara remembered how, during her childhood, she always felt her mother was distant, caught up in her own battles. Through the letters, Clara began to understand the challenges her mother faced, the fears that haunted her, and the sacrifices she made for the family.

In each letter, Clara found secrets her mother had kept hidden for so long. There was one letter where Maria confessed her regret for not being more present in Clara's life, explaining that guilt followed her like a shadow. Clara felt a lump in her throat. The pain and anger she had accumulated over the years began to dissipate, replaced by deep empathy.

As she continued reading, Clara found passages that spoke of love, hope, and forgiveness. One letter, in particular, stood out. In it, her mother described the first time she saw Clara and how her heart filled with love. Maria's words resonated so strongly that Clara found herself crying. It was as if her mother were there, speaking directly to her.

By the time she finished reading, Clara felt a mixture of emotions. The anger she had felt towards her mother for not being the ideal parent began to transform into understanding. She realized that, like any human being, her mother had made mistakes. The box of letters had become a means of connection between them, a bridge between the past and the present.

Clara carefully put the letters away, promising herself never to let them be forgotten again. They were more than words on paper; they were the story of a woman who, despite her flaws, had always loved deeply. On that day, Clara made peace with the past and found a way to forgiveness.

O Viajante do Tempo

———

O professor Rafael sempre teve uma paixão por história. Desde pequeno, ele sonhava em viajar no tempo e presenciar os grandes eventos que moldaram o Brasil. Após anos de estudos e pesquisas, ele finalmente conseguiu construir uma máquina do tempo em seu laboratório, localizado na universidade onde lecionava. Com uma mistura de empolgação e medo, decidiu que era hora de testar sua invenção.

Ao ajustar os controles da máquina, Rafael programou sua primeira viagem para 1500, quando Pedro Álvares Cabral chegou ao Brasil. Um instante depois, uma onda de luz envolveu seu corpo, e ele se viu em uma floresta exuberante, o som das ondas do mar ao fundo. Ao olhar ao redor, percebeu que estava na praia de Porto Seguro, testemunhando o momento histórico da descoberta do Brasil.

Rafael ficou fascinado ao observar os indígenas locais, suas tradições e a chegada dos portugueses. Contudo, uma sensação de desconforto o invadiu. Ele sabia que a história não era apenas feita de eventos grandiosos, mas também de consequências devastadoras. Ao se aproximar, teve vontade de intervir e alertar os indígenas sobre os perigos que viriam. Mas, então, se lembrou da regra fundamental que havia estabelecido para si mesmo: não interferir no curso da história. Decidiu, portanto, apenas observar.

Após algumas horas, Rafael voltou à sua máquina e programou sua próxima viagem para 1822, no momento em que Dom Pedro I proclamou a independência do Brasil. Ele queria ver como os cidadãos reagiam a esse evento que marcaria o início de uma nova era. Quando chegou, ficou impressionado com a paixão e a euforia do povo. Dom Pedro estava emocionado, e o povo o aclamava como um herói.

Rafael, mais uma vez, sentiu-se dividido. Ele queria gritar para o povo que, apesar da independência, ainda haveria lutas e dificuldades pela frente. Mas, novamente, sua curiosidade o levou a permanecer como um espectador. Ao final do evento, ele voltou para sua máquina, agora repleto de sentimentos conflitantes.

Em suas próximas viagens, Rafael se aventurou pela Revolução de 1930 e pela Ditadura Militar de 1964. Em cada momento que presenciou, a tentação de intervir crescia, mas ele lutava contra isso. Cada vez que voltava ao presente, uma nova questão o atormentava: seria ético observar as tragédias sem agir? Ele tinha o poder de mudar o passado, mas a que custo?

Finalmente, após várias viagens, Rafael decidiu que sua última parada seria em 1988, durante a promulgação da nova Constituição. Ele queria ver como o povo comemorava a conquista de direitos e a construção de um futuro melhor. Ao chegar, viu multidões nas ruas, cheias de esperança e entusiasmo. A emoção era palpável. Rafael sentiu um misto de alegria e tristeza ao perceber que o passado e o futuro estavam interligados.

Após essa última viagem, Rafael retornou ao presente com uma nova perspectiva. Ele percebeu que a história não era apenas uma sequência de eventos; era uma tapeçaria complexa de experiências humanas. Em vez de tentar mudar o passado, decidiu que seu papel como historiador seria compartilhar essas histórias, para que as futuras gerações aprendessem com os erros e triunfos do passado. Ele entendeu que a verdadeira viagem no tempo não era através de uma máquina, mas sim através do conhecimento e da reflexão.

The Time Traveler

————

Professor Rafael had always been passionate about history. Since he was a child, he dreamed of traveling through time to witness the great events that shaped Brazil. After years of study and research, he finally built a time machine in his laboratory at the university where he taught. With a mix of excitement and fear, he decided it was time to test his invention.

As he adjusted the controls of the machine, Rafael programmed his first trip for the year 1500, when Pedro Álvares Cabral arrived in Brazil. An instant later, a wave of light enveloped his body, and he found himself in a lush forest, the sound of ocean waves in the background. Looking around, he realized he was on the beach of Porto Seguro, witnessing the historical moment of Brazil's discovery.

Rafael was fascinated as he observed the local indigenous people, their traditions, and the arrival of the Portuguese. However, a sense of discomfort washed over him. He knew that history was not just made up of grand events but also devastating consequences. As he got closer, he felt an urge to intervene and warn the indigenous people about the dangers to come. But then he remembered the fundamental rule he had set for himself: do not interfere with the course of history. Therefore, he decided to simply observe.

After a few hours, Rafael returned to his machine and programmed his next trip for 1822, at the moment when Dom

Pedro I proclaimed Brazil's independence. He wanted to see how citizens reacted to this event that would mark the beginning of a new era. When he arrived, he was impressed by the passion and euphoria of the people. Dom Pedro was emotional, and the crowd hailed him as a hero.

Once again, Rafael felt torn. He wanted to shout to the people that, despite their independence, there would still be struggles and difficulties ahead. But again, his curiosity led him to remain a spectator. At the end of the event, he returned to his machine, now filled with conflicting feelings.

On his next journeys, Rafael ventured through the Revolution of 1930 and the Military Dictatorship of 1964. With each moment he witnessed, the temptation to intervene grew, but he fought against it. Each time he returned to the present, a new question haunted him: was it ethical to observe tragedies without acting? He had the power to change the past, but at what cost?

Finally, after several trips, Rafael decided that his last stop would be in 1988, during the promulgation of the new Constitution. He wanted to see how the people celebrated the achievement of rights and the construction of a better future. Upon arriving, he saw crowds in the streets, filled with hope and enthusiasm. The emotion was palpable. Rafael felt a mix of joy and sadness as he realized that the past and the future were interconnected.

After this last trip, Rafael returned to the present with a new perspective. He realized that history was not just a sequence of events; it was a complex tapestry of human experiences. Instead of trying to change the past, he decided that his role as a historian would be to share these stories so that future generations could learn from the mistakes and triumphs of the past. He understood that the true time travel was not through a machine but through knowledge and reflection.

Na Sombra da Floresta

———

Em uma pequena vila cercada por uma floresta encantada, havia uma jovem chamada Lúcia. Desde pequena, Lúcia sempre foi fascinada pelas histórias contadas pelos mais velhos sobre as criaturas mágicas que habitavam a floresta. As noites eram preenchidas com relatos de fadas dançantes, unicórnios brilhantes e duendes travessos. Mas havia também histórias sobre uma força sombria que se escondia nas sombras, ameaçando a paz da vila.

Certa manhã, enquanto explorava a borda da floresta, Lúcia ouviu um sussurro suave que a chamou pelo nome. Intrigada, ela seguiu a voz e, para sua surpresa, encontrou uma pequena fada com asas cintilantes. A fada se apresentou como Mira e revelou que Lúcia possuía um dom especial: a capacidade de se comunicar com as criaturas mágicas da floresta.

"Você deve usar esse dom para ajudar sua vila," disse Mira. "Uma força obscura está se aproximando, e apenas você pode detê-la." Lúcia sentiu um frio na barriga, mas também uma onda de coragem. Ela decidiu embarcar em uma jornada para descobrir a origem dessa força e salvar sua casa.

Mira guiou Lúcia pela floresta, apresentando-a a diversos seres mágicos. Ela conheceu um unicórnio majestoso chamado Estrela, que a presenteou com um pedaço de sua crina, capaz de curar ferimentos. Também conheceu um grupo de duendes que lhe ensinaram a usar ervas mágicas para criar poções. Cada encontro fortaleceu Lúcia e a preparou para o desafio à frente.

No entanto, à medida que se aprofundava na floresta, Lúcia sentiu a presença da força sombria. Ela viu árvores murchas, flores murchas e um silêncio opressivo. Finalmente, chegou a uma clareira onde encontrou um antigo feitiço que aprisionava as criaturas mágicas da floresta. No centro da clareira, uma sombra gigantesca emanava uma energia maligna. Era a fonte da escuridão que ameaçava sua vila.

Lúcia respirou fundo e, lembrando-se de tudo o que aprendera, começou a entoar um encantamento com as palavras que Mira lhe havia ensinado. A sombra começou a se contorcer e a gritar, mas Lúcia não hesitou. Ela chamou a ajuda de Estrela e dos duendes, que se uniram a ela, formando um círculo de luz ao redor da sombra.

Com a força da amizade e da coragem, Lúcia canalizou a magia da floresta e, num último grito, desfez o feitiço. A sombra se desfez em uma nuvem de fumaça, e a clareira se iluminou. As criaturas da floresta foram libertadas e começaram a dançar em volta de Lúcia, agradecendo por sua bravura.

Quando Lúcia retornou à vila, a escuridão que antes a ameaçava havia desaparecido. Os aldeões a receberam como uma heroína, e Lúcia sabia que sua vida nunca mais seria a mesma. Ela havia descoberto não apenas sua conexão com a magia, mas também a importância da coragem, da amizade e da responsabilidade. E assim, na sombra da floresta, a lenda de Lúcia e suas aventuras mágicas se espalhou por gerações, inspirando outros a acreditar na força dos sonhos e na magia que reside em cada um de nós.

In the Shadow of the Forest

In a small village surrounded by an enchanted forest, there lived a young girl named Lúcia. Since she was little, Lúcia had always been fascinated by the stories told by the elders about the magical creatures that inhabited the forest. The nights were filled with tales of dancing fairies, shimmering unicorns, and mischievous goblins. But there were also stories about a dark force lurking in the shadows, threatening the peace of the village.

One morning, while exploring the edge of the forest, Lúcia heard a soft whisper calling her name. Intrigued, she followed the voice and, to her surprise, found a tiny fairy with shimmering wings. The fairy introduced herself as Mira and revealed that Lúcia possessed a special gift: the ability to communicate with the magical creatures of the forest.

"You must use this gift to help your village," said Mira. "A dark force is approaching, and only you can stop it." Lúcia felt a chill in her stomach but also a wave of courage. She decided to embark on a journey to discover the origin of this force and save her home.

Mira guided Lúcia through the forest, introducing her to various magical beings. She met a majestic unicorn named Estrela, who gifted her a strand of his mane, capable of healing wounds. She also encountered a group of goblins who taught her how to use magical herbs to create potions. Each encounter strengthened Lúcia and prepared her for the challenge ahead.

However, as she delved deeper into the forest, Lúcia sensed the presence of the dark force. She saw withered trees, wilting flowers, and an oppressive silence. Eventually, she reached a clearing where she found an ancient spell that imprisoned the magical creatures of the forest. In the center of the clearing, a giant shadow emanated a malignant energy. It was the source of the darkness threatening her village.

Lúcia took a deep breath and, remembering everything she had learned, began to chant an incantation with the words Mira had taught her. The shadow began to writhe and scream, but Lúcia did not hesitate. She called upon the help of Estrela and the goblins, who joined her in forming a circle of light around the shadow.

With the power of friendship and courage, Lúcia channeled the magic of the forest and, with one final cry, broke the spell. The shadow dissipated into a cloud of smoke, and the clearing was illuminated. The creatures of the forest were freed and began to dance around Lúcia, thanking her for her bravery.

When Lúcia returned to the village, the darkness that had once threatened her had vanished. The villagers welcomed her as a hero, and Lúcia knew her life would never be the same. She had discovered not only her connection to magic but also the importance of courage, friendship, and responsibility. And so, in the shadow of the forest, the legend of Lúcia and her magical adventures spread through generations, inspiring others to believe in the power of dreams and the magic that resides in each of us.

Cartas para o Futuro

———

E ra uma tarde ensolarada quando um grupo de amigos decidiu se reunir no parque. Eles estavam prestes a se formar e queriam deixar um legado para si mesmos, um registro de suas esperanças, medos e sonhos. Após algumas horas de conversa animada, surgiu a ideia de escrever cartas para o futuro.

Lucas, o sonhador do grupo, escreveu sobre seu desejo de viajar pelo mundo e explorar novas culturas. Maria, a realista, expressou suas preocupações sobre a vida adulta e o que aconteceria com suas amizades. Felipe, sempre otimista, falou sobre seu sonho de se tornar um grande músico e levar sua música ao mundo.

"Devemos abrir essas cartas em dez anos," sugeriu Ana, a organizadora do grupo. Todos concordaram, e depois de selar cada carta em um envelope, eles decidiram guardar as cartas em uma caixa que enterrariam no parque. A caixa seria uma cápsula do tempo, um tesouro que revelaria suas aspirações futuras.

Os anos passaram rapidamente, e a vida trouxe desafios e alegrias inesperadas. Alguns se mudaram para cidades diferentes, enquanto outros enfrentaram dificuldades em suas carreiras. Um dia, dez anos depois do encontro no parque, o grupo decidiu se reunir novamente. Estavam ansiosos para abrir a caixa e revisitar seus sonhos e medos.

Quando abriram a caixa, um misto de risadas e lágrimas tomou conta do grupo. Cada um começou a ler sua carta em voz alta. Lucas descobriu que havia viajado para alguns lugares que sempre sonhou, mas também percebeu que não havia feito tanto quanto imaginara. Maria tinha se tornado uma artista, mas ainda se preocupava em equilibrar sua vida pessoal e profissional. Felipe estava lutando para fazer sucesso com sua música, mas tinha se apresentado em vários eventos locais, algo que antes achava impossível.

"Eu pensei que estaria mais perto do meu sonho," disse Felipe, com um sorriso triste. "Mas ainda estou aqui, lutando."

"Isso é o que importa," disse Ana, encorajando-o. "Você está vivendo sua jornada."

As cartas não eram apenas um registro de suas esperanças, mas também um lembrete de que a vida era cheia de surpresas. Os amigos perceberam que, embora seus caminhos fossem diferentes do que haviam imaginado, cada um havia encontrado seu próprio caminho, cheio de aprendizados e conquistas.

Naquele dia, eles não apenas revisitaram suas cartas, mas também renovaram seu compromisso de apoio mútuo. Prometeram se encontrar novamente em dez anos para abrir uma nova cápsula do tempo, repleta de novas esperanças e sonhos, e para continuar a história de suas vidas juntos.

Letters to the Future

———

It was a sunny afternoon when a group of friends decided to gather in the park. They were about to graduate and wanted to leave a legacy for themselves, a record of their hopes, fears, and dreams. After a few hours of lively conversation, the idea emerged to write letters to the future.

Lucas, the dreamer of the group, wrote about his desire to travel the world and explore new cultures. Maria, the realist, expressed her concerns about adulthood and what would happen to their friendships. Felipe, always optimistic, talked about his dream of becoming a great musician and sharing his music with the world.

"We should open these letters in ten years," suggested Ana, the organizer of the group. Everyone agreed, and after sealing each letter in an envelope, they decided to keep the letters in a box they would bury in the park. The box would serve as a time capsule, a treasure that would reveal their future aspirations.

The years passed quickly, and life brought unexpected challenges and joys. Some moved to different cities, while others faced difficulties in their careers. One day, ten years after their meeting in the park, the group decided to gather again. They were excited to open the box and revisit their dreams and fears.

When they opened the box, a mix of laughter and tears filled the group. Each began to read their letter aloud. Lucas found that he had traveled to some places he had always dreamed of, but he also realized he hadn't accomplished as much as he had imagined. Maria had become an artist, but she still struggled to balance her personal and professional life. Felipe was fighting to succeed in his music career, but he had performed at several local events—something he had once thought impossible.

"I thought I would be closer to my dream," Felipe said with a sad smile. "But I'm still here, fighting."

"That's what matters," Ana encouraged him. "You're living your journey."

The letters were not just a record of their hopes but also a reminder that life was full of surprises. The friends realized that although their paths were different from what they had envisioned, each had found their own way, filled with lessons and achievements.

That day, they not only revisited their letters but also renewed their commitment to support each other. They promised to meet again in ten years to open a new time capsule, filled with new hopes and dreams, and to continue the story of their lives together.

Entre as Estrelas

———

Era uma noite clara e estrelada quando Clara decidiu visitar o observatório da cidade. Desde criança, ela era apaixonada pelas estrelas, sempre sonhando em explorar o cosmos e desvendar seus mistérios. Enquanto admirava a imensidão do céu, notou um jovem, Lucas, que estava tão absorto em seus pensamentos que mal percebeu sua presença.

Ele olhava através do telescópio, os olhos brilhando de entusiasmo. Clara se aproximou, e ao ver as estrelas refletidas nos olhos dele, sentiu um frio na barriga. "Que constelação você está observando?" perguntou, tentando quebrar o gelo.

"É a constelação de Órion," Lucas respondeu, sorrindo. "Ela me lembra que há muito mais além deste mundo, algo que todos nós sonhamos em alcançar."

A conversa fluiu naturalmente entre eles, e logo estavam compartilhando não apenas informações sobre as estrelas, mas também seus sonhos mais íntimos. Lucas falou sobre seu desejo de se tornar um astrônomo e desvendar os segredos do universo. Clara revelou sua paixão pela escrita e como sonhava em capturar a beleza do cosmos em suas histórias.

À medida que a noite avançava, eventos celestiais começaram a ocorrer. Uma chuva de meteoros iluminou o céu, e os dois se deitaram na grama, de mãos dadas, enquanto contavam os meteoros que cruzavam a escuridão. Cada estrela cadente parecia ser um símbolo de suas esperanças e desejos, um lembrete de que o universo estava ao seu alcance.

"Você acredita em coincidências?" Clara perguntou, olhando para Lucas.

"Acho que o destino nos trouxe aqui, sob este céu, para compartilhar este momento," Lucas respondeu.

A conexão entre eles crescia, e a química que se formava era inegável. Entre risos e confidências, o tempo parecia parar. Eles se perderam em conversas profundas sobre o que significava amar e sonhar, suas vozes suaves se misturando com o vento da noite.

Quando o sol começou a surgir no horizonte, tingindo o céu de rosa e dourado, Clara e Lucas perceberam que a noite mágica estava chegando ao fim.

"Vamos nos encontrar novamente?" Clara perguntou, hesitante, mas esperançosa.

"Com certeza," Lucas respondeu, segurando a mão dela mais apertado. "Este é apenas o começo da nossa própria história. Entre as estrelas, encontramos um ao outro."

Prometeram se reunir novamente, suas almas entrelaçadas como as estrelas no céu. A conexão que encontraram naquela noite se transformou em um romance que desafiava as distâncias e o tempo, uma história que florescia sob a luz das estrelas.

Among the Stars

———

I t was a clear, starry night when Clara decided to visit the city's observatory. Since childhood, she had been fascinated by the stars, always dreaming of exploring the cosmos and unraveling its mysteries. As she admired the vastness of the sky, she noticed a young man, Lucas, so absorbed in his thoughts that he barely noticed her presence.

He gazed through the telescope, his eyes sparkling with enthusiasm. Clara approached, and seeing the stars reflected in his eyes made her heart race. "What constellation are you observing?" she asked, trying to break the ice.

"It's the Orion constellation," Lucas replied, smiling. "It reminds me that there's so much more beyond this world, something we all dream of reaching."

The conversation flowed naturally between them, and soon they were sharing not only facts about the stars but also their deepest dreams. Lucas spoke about his desire to become an astronomer and unveil the secrets of the universe. Clara revealed her passion for writing and how she dreamed of capturing the beauty of the cosmos in her stories.

As the night progressed, celestial events began to unfold. A meteor shower lit up the sky, and they lay on the grass, holding hands as they counted the meteors streaking across the darkness.

Each shooting star seemed to symbolize their hopes and desires, a reminder that the universe was within reach.

"Do you believe in coincidences?" Clara asked, looking at Lucas.

"I think destiny brought us here, under this sky, to share this moment," Lucas replied.

The connection between them deepened, and the chemistry forming was undeniable. Amidst laughter and confessions, time seemed to stand still. They lost themselves in profound conversations about what it meant to love and dream, their soft voices mingling with the night breeze.

As the sun began to rise on the horizon, painting the sky in shades of pink and gold, Clara and Lucas realized the magical night was coming to an end.

"Shall we meet again?" Clara asked, hesitantly but hopefully.

"Absolutely," Lucas replied, gripping her hand tighter. "This is just the beginning of our own story. Among the stars, we found each other."

They promised to meet again, their souls intertwined like the stars in the sky. The connection they found that night blossomed into a romance that defied distance and time, a story that thrived under the light of the stars.

O Último Dia de Verão

———

O sol estava se pondo no horizonte, tingindo o céu de laranja e rosa, quando um grupo de amigos chegou à praia que havia sido o cenário de suas aventuras de infância. A casa de veraneio, embora um pouco desgastada pelo tempo, ainda exalava memórias de risadas, jogos e promessas de eternidade. Era o último dia de verão, e eles se reuniram para celebrar a amizade e as memórias que os uniram ao longo dos anos.

Lucas, o líder do grupo, foi o primeiro a chegar. Ao entrar na casa, um sentimento de nostalgia tomou conta dele. Ele se lembrou das noites em que ficavam acordados até tarde, contando histórias de fantasmas e sonhando com o futuro. Quando os outros chegaram, a alegria do reencontro iluminou o ambiente. Maria trouxe uma caixa de fotografias antigas, enquanto Felipe carregava uma guitarra, pronto para tocar algumas músicas que costumavam cantar juntos.

Enquanto o sol se punha, eles se sentaram na varanda, olhando para o mar. As ondas pareciam dançar, lembrando-os de todos os verões passados. "Lembra daquela vez em que tentamos construir um barco com pedaços de madeira?" perguntou Maria, rindo.

"Sim! E ele afundou logo na primeira tentativa," respondeu Lucas, com um sorriso nostálgico. "Mas isso nunca nos impediu de sonhar."

À medida que a noite avançava, as conversas se tornaram mais profundas. Cada um compartilhou suas lutas e conquistas desde que se formaram. Maria falava sobre seu trabalho em uma grande cidade, revelando como a vida adulta tinha suas dificuldades, mas também suas alegrias. Felipe contou sobre sua paixão pela música e como estava tentando encontrar seu lugar no mundo.

"Sinto falta da simplicidade dos nossos verões," disse Lucas. "Agora, parece que estamos sempre correndo atrás de algo."

"É verdade," disse Maria. "Mas é importante lembrar que ainda temos um ao outro, não importa onde a vida nos leve."

Naquela noite, eles decidiram fazer uma fogueira na praia. As chamas dançavam como suas lembranças, e cada um jogou algo na fogueira: uma foto, um bilhete, algo que simbolizasse a infância e a amizade. Ao olharem para as chamas, sentiram a tristeza da despedida, mas também a alegria de saber que, mesmo crescendo, sempre teriam aquele lugar especial e uns aos outros.

Quando a fogueira se apagou e as estrelas começaram a brilhar no céu, eles prometeram se reunir novamente no próximo verão. E embora soubessem que a vida poderia levá-los em direções diferentes, a amizade que compartilharam permaneceria viva em seus corações. O último dia de verão não era um fim, mas um novo começo, um lembrete de que, apesar das mudanças, as memórias e os laços construídos na infância seriam sempre parte deles.

The Last Day of Summer

———

The sun was setting on the horizon, painting the sky orange and pink, when a group of friends arrived at the beach that had been the backdrop for their childhood adventures. The beach house, though a little worn by time, still exuded memories of laughter, games, and promises of forever. It was the last day of summer, and they gathered to celebrate their friendship and the memories that had bound them together over the years.

Lucas, the leader of the group, was the first to arrive. As he entered the house, a wave of nostalgia washed over him. He remembered the nights they stayed up late telling ghost stories and dreaming about the future. When the others arrived, the joy of reunion filled the air. Maria brought a box of old photographs, while Felipe carried a guitar, ready to play some of the songs they used to sing together.

As the sun set, they sat on the porch, looking out at the sea. The waves seemed to dance, reminding them of all the summers past. "Do you remember that time we tried to build a boat out of wooden scraps?" Maria asked, laughing.

"Yes! And it sank on the first try," Lucas replied with a nostalgic smile. "But that never stopped us from dreaming."

As the night progressed, their conversations grew deeper. Each shared their struggles and achievements since graduation. Maria spoke about her job in a big city, revealing how adulthood came with its challenges but also its joys. Felipe talked about his passion for music and how he was trying to find his place in the world.

"I miss the simplicity of our summers," Lucas said. "Now, it feels like we're always chasing something."

"That's true," Maria said. "But it's important to remember that we still have each other, no matter where life takes us."

That night, they decided to make a bonfire on the beach. The flames danced like their memories, and each of them threw something into the fire: a photo, a note, something that symbolized childhood and friendship. As they watched the flames, they felt the sadness of goodbye but also the joy of knowing that, even as they grew, they would always have that special place and each other.

When the fire finally died down and the stars began to twinkle in the sky, they promised to reunite next summer. And although they knew life could take them in different directions, the friendship they shared would remain alive in their hearts. The last day of summer was not an ending but a new beginning, a reminder that despite changes, the memories and bonds forged in childhood would always be a part of them.

O Último Copo

―――――

Na escuridão das ruas de São Paulo, o bar "O Último Copo" era conhecido por mais do que seus drinques exóticos e ambiente envolvente. Ele era um ponto de encontro para aqueles que estavam dispostos a arriscar tudo. O detetive particular Ricardo sempre ouviu histórias sobre o bar, mas nunca pensou que se envolveria tão profundamente com ele.

Um dia, uma mulher chamada Clara entrou em seu escritório, seus olhos cheios de medo. Ela estava à procura de seu irmão, que desaparecera após uma noite no bar. Ricardo, movido pela empatia e pela curiosidade, decidiu ajudá-la. O que começou como uma simples investigação logo se transformou em uma teia de mistérios.

Ricardo entrou no "Último Copo" na calada da noite, a música suave e o cheiro de cigarro preenchendo o ar. Ele se sentou no bar, observando os rostos sombrios que cercavam as mesas. Logo, percebeu que cada copo tinha sua história — segredos guardados entre as paredes daquele lugar. Ele pediu um drink, um "Negroni", e enquanto esperava, notou um homem em um canto que parecia nervoso.

"Você viu algo suspeito por aqui?" Ricardo perguntou ao barman, que parecia mais interessado em contar os copos do que em ajudar. O barman deu de ombros, mas o olhar em seus olhos dizia mais do que palavras. Ricardo decidiu que precisava investigar por conta própria.

Cada drink que ele tomava parecia revelar novas pistas: uma conversa entre dois homens sobre uma troca, uma mulher chorando em uma mesa ao fundo. Ele se aproximou dela, perguntando se ela conhecia o irmão de Clara. A mulher hesitou, mas finalmente revelou que o irmão estava envolvido em algo perigoso, algo que poderia levá-lo a desaparecer.

Com cada copo que tomava, Ricardo se sentia mais imerso na escuridão do bar. A noite avançava, e ele percebeu que não era apenas a verdade que estava atrás, mas também uma rede de traição que o levaria a confrontar seus próprios demônios. Um grito ecoou do banheiro, e ele saltou da cadeira, correndo em direção ao som.

Dentro, encontrou um corpo caído no chão, e o pânico tomou conta de sua mente. O detetive percebeu que a investigação havia se tornado mais complicada do que ele poderia imaginar. A cada passo, a verdade se tornava mais obscura, e o último copo de coragem que ele tinha estava prestes a ser esvaziado. Ele precisava sair do bar antes que fosse tarde demais.

Ricardo fez uma última olhada ao redor, seus olhos capturando os rostos que antes eram estranhos, mas agora pareciam familiares. Ele sabia que a única maneira de resolver o mistério era encarar a própria escuridão que o cercava. Ao sair do bar, a chuva começou a cair, misturando-se com o cheiro de perigo que pairava no ar. O "Último Copo" não era apenas um bar; era um labirinto de segredos que ele estava determinado a desvendar.

The Last Glass

―――――

In the darkness of São Paulo's streets, the bar "The Last Glass" was known for more than its exotic drinks and captivating atmosphere. It was a meeting point for those willing to risk it all. Private detective Ricardo had always heard stories about the bar but never thought he would become so deeply involved with it.

One day, a woman named Clara walked into his office, her eyes filled with fear. She was looking for her brother, who had disappeared after a night at the bar. Ricardo, moved by empathy and curiosity, decided to help her. What began as a simple investigation soon transformed into a web of mysteries.

Ricardo entered "The Last Glass" late at night, the soft music and the smell of cigarette smoke filling the air. He sat at the bar, observing the shadowy faces surrounding the tables. Soon, he realized that each glass had its story — secrets kept within the walls of that place. He ordered a drink, a Negroni, and while waiting, he noticed a nervous-looking man in a corner.

"Have you seen anything suspicious around here?" Ricardo asked the bartender, who seemed more interested in counting glasses than in helping. The bartender shrugged, but the look in his eyes said more than words. Ricardo decided he needed to investigate on his own.

With each drink he consumed, new clues began to emerge: a conversation between two men about a trade, a woman crying at a table in the back. He approached her, asking if she knew Clara's brother. The woman hesitated but eventually revealed that the brother was involved in something dangerous, something that could lead him to disappear.

With every glass he drank, Ricardo felt himself sinking deeper into the bar's darkness. The night wore on, and he realized that he was not only chasing the truth but also confronting a web of betrayal that would force him to face his own demons. A scream echoed from the bathroom, and he jumped from his seat, rushing toward the sound.

Inside, he found a body lying on the floor, and panic flooded his mind. The detective realized that the investigation had become more complicated than he could have imagined. With every step, the truth became murkier, and the last glass of courage he had was about to be emptied. He needed to get out of the bar before it was too late.

Ricardo took one last look around, his eyes capturing the faces that had once been strangers but now seemed familiar. He knew that the only way to solve the mystery was to confront the very darkness that surrounded him. As he left the bar, the rain began to fall, mixing with the smell of danger lingering in the air. "The Last Glass" was not just a bar; it was a maze of secrets that he was determined to unravel.

Uma Vida de Sonhos

———

E ra uma vez um homem chamado Miguel, que sempre foi um sonhador. Desde criança, passava horas mergulhado em suas fantasias, criando mundos mágicos e aventuras impossíveis. Mas, à medida que crescia, a realidade se impôs. O trabalho, as responsabilidades e as obrigações o afastaram de seus sonhos. No entanto, um dia, algo extraordinário aconteceu.

Miguel acordou em um mundo onde seus sonhos haviam se tornado realidade. Ao abrir os olhos, encontrou-se em uma floresta luminosa, onde árvores falantes sussurravam segredos e flores dançavam ao ritmo do vento. Ele esfregou os olhos, achando que ainda estava sonhando, mas a suavidade da grama sob seus pés e o perfume doce das flores eram reais.

Com curiosidade, Miguel começou a explorar esse novo mundo. Logo, encontrou um rio de cristal que refletia não apenas sua imagem, mas também seus desejos mais profundos. Ao tocar a água, ele viu cenas de sua vida: momentos em que deixara de lado seus sonhos, oportunidades perdidas e o vazio que sentia. Aquela visão o deixou inquieto, mas ao mesmo tempo, inspirou-o a buscar a verdadeira essência de seu ser.

No caminho, ele conheceu uma mulher chamada Lúcia, que tinha a capacidade de transformar sonhos em realidades tangíveis. Lúcia ofereceu-lhe a oportunidade de viver uma vida cheia de aventuras e alegrias, mas Miguel hesitou. Ele começou a perceber que, apesar de viver seus sonhos, as consequências de suas escolhas ainda eram reais. Por cada sonho que se tornava realidade, um pedaço de sua essência parecia se perder.

Um dia, enquanto exploravam juntos, Miguel viu uma imagem de sua infância — ele mesmo, cercado de amigos, brincando e rindo sob a luz do sol. Lembrou-se da felicidade pura que sentia naquele tempo e como, ao longo dos anos, deixara que suas ambições ofuscassem a simplicidade da alegria. Percebeu que a vida não era apenas sobre realizar sonhos grandiosos, mas também sobre valorizar os pequenos momentos.

Assim, Miguel decidiu que queria mais do que apenas viver em um mundo onde tudo que desejasse se tornasse realidade. Ele queria reencontrar a magia do cotidiano, a beleza dos momentos simples. Lúcia sorriu ao ouvir sua decisão, e juntos retornaram ao rio de cristal. Miguel fez um pedido: que, em vez de viver em um mundo de sonhos, ele desejava a capacidade de sonhar e transformar esses sonhos em pequenas ações no dia a dia.

Com um brilho nos olhos, Lúcia tocou a água, e o rio começou a brilhar intensamente. Miguel sentiu um calor acolhedor percorrer seu corpo, como se todos os seus desejos se fundissem em uma única essência. Ao acordar, ele estava em sua cama, mas algo havia mudado. As paredes estavam decoradas com quadros de seus sonhos, os pequenos detalhes da vida o cercavam, e, acima de tudo, ele sentia uma nova esperança pulsando em seu coração.

Miguel havia aprendido que a verdadeira magia da vida não estava em realizar todos os seus sonhos de uma vez, mas em saborear cada pequeno momento e criar uma vida cheia de significado. E assim, com um novo olhar, ele saiu para o mundo, pronto para viver cada dia como um sonho a ser realizado.

A Life of Dreams

———

Once upon a time, there was a man named Miguel, who had always been a dreamer. Since childhood, he spent hours lost in his fantasies, creating magical worlds and impossible adventures. But as he grew older, reality imposed itself. Work, responsibilities, and obligations pushed him away from his dreams. However, one day, something extraordinary happened.

Miguel woke up in a world where his dreams had become reality. When he opened his eyes, he found himself in a luminous forest, where talking trees whispered secrets and dancing flowers swayed to the rhythm of the wind. He rubbed his eyes, thinking he was still dreaming, but the softness of the grass beneath his feet and the sweet scent of the flowers felt real.

Curious, Miguel began to explore this new world. Soon, he discovered a crystal-clear river that not only reflected his image but also his deepest desires. When he touched the water, he saw scenes from his life: moments when he had set aside his dreams, missed opportunities, and the emptiness he felt. That vision left him restless, yet at the same time, inspired him to seek the true essence of his being.

Along the way, he met a woman named Lúcia, who had the ability to transform dreams into tangible realities. Lúcia offered him the chance to live a life full of adventures and joys, but Miguel hesitated. He began to realize that despite living his dreams, the consequences of his choices were still real. For every dream that became reality, a piece of his essence seemed to be lost.

One day, while exploring together, Miguel saw an image of his childhood — himself, surrounded by friends, playing and laughing under the sunlight. He remembered the pure happiness he felt at that time and how, over the years, he had allowed his ambitions to overshadow the simplicity of joy. He realized that life was not just about achieving grand dreams, but also about cherishing the small moments.

Thus, Miguel decided that he wanted more than just to live in a world where everything he wished for became reality. He wanted to rediscover the magic of the everyday, the beauty of simple moments. Lúcia smiled upon hearing his decision, and together they returned to the crystal river. Miguel made a wish: that instead of living in a world of dreams, he desired the ability to dream and transform those dreams into small actions in everyday life.

With a sparkle in her eyes, Lúcia touched the water, and the river began to shine brightly. Miguel felt a warm glow coursing through his body, as if all his desires were merging into a single essence. When he awoke, he was in his bed, but something had changed. The walls were adorned with pictures of his dreams, the small details of life surrounded him, and, above all, he felt a new hope pulsing in his heart.

Miguel had learned that the true magic of life was not in fulfilling all his dreams at once, but in savoring every little moment and creating a life full of meaning. And so, with a new perspective, he stepped out into the world, ready to live each day as a dream to be realized.

Ecos do Passado

———

Em um Brasil marcado pela repressão, durante a ditadura militar, uma jovem jornalista chamada Ana se viu imersa em um trabalho que mudaria sua vida para sempre. Determinada a dar voz àqueles que resistiram ao regime, Ana começou sua jornada entrevistando pessoas que tinham histórias valiosas para contar.

Ela percorreu o país, visitando cidades pequenas e grandes metrópoles, sempre em busca de relatos que pudessem iluminar os cantos sombrios da história. Em uma pequena cidade no interior de Minas Gerais, conheceu Maria, uma mulher idosa que havia perdido um filho para a repressão. Com lágrimas nos olhos, Maria compartilhou as memórias de seu filho, um ativista apaixonado que sonhava com um Brasil livre e justo. As palavras de Maria eram um eco do passado, e Ana sentiu o peso da dor e da luta de uma geração que havia sido silenciada.

Em São Paulo, Ana encontrou Carlos, um ex-prisioneiro político. Ele revelou os horrores que viveu nas mãos do regime, a tortura e a perda de sua identidade. Carlos falava de sua resistência com um fervor que era ao mesmo tempo inspirador e aterrador. Ana percebeu que cada história era uma peça do quebra-cabeça, uma visão íntima da luta contra a opressão.

À medida que as entrevistas progrediam, Ana também refletia sobre sua própria vida. Ela cresceu em um lar que evitava falar sobre a ditadura, como se o silêncio fosse uma forma de proteção.

Mas agora, imersa em relatos de coragem e dor, Ana começou a entender a importância de lembrar e contar essas histórias. O passado não era algo a ser enterrado; era uma parte essencial da identidade do Brasil.

Ana trabalhou incansavelmente, escrevendo e compilando as histórias que coletou. Cada relato se entrelaçava com os outros, criando um mosaico vívido da resistência e da luta pela liberdade. Ela sabia que a tarefa era mais do que simplesmente relatar; era um ato de resistência em si. Ao dar voz aos que haviam sofrido, Ana estava desafiando o silêncio que havia permeado a sociedade por tanto tempo.

Finalmente, depois de meses de pesquisa e escrita, Ana publicou seu livro, intitulado "Ecos do Passado". Ao lançar a obra, ela não apenas homenageava os que resistiram, mas também convidava o Brasil a refletir sobre sua história. O livro foi recebido com entusiasmo, reacendendo debates sobre a memória e a verdade.

As histórias de Maria, Carlos e tantos outros ecoaram pelas páginas, criando uma conexão entre o passado e o presente. Ana percebeu que, embora a ditadura tivesse deixado cicatrizes profundas, a coragem e a resiliência dos que resistiram iluminavam o caminho para um futuro melhor. E assim, a memória do passado continuou a viver, ecoando nas vozes de quem teve a bravura de contar sua história.

Echoes of the Past

In a Brazil marked by repression, during the military dictatorship, a young journalist named Ana found herself immersed in a work that would change her life forever. Determined to give a voice to those who resisted the regime, Ana began her journey by interviewing people who had valuable stories to tell.

She traveled across the country, visiting small towns and large metropolises, always in search of accounts that could shed light on the dark corners of history. In a small town in the interior of Minas Gerais, she met Maria, an elderly woman who had lost a son to repression. With tears in her eyes, Maria shared memories of her son, a passionate activist who dreamed of a free and just Brazil. Maria's words were an echo of the past, and Ana felt the weight of the pain and struggle of a generation that had been silenced.

In São Paulo, Ana met Carlos, a former political prisoner. He revealed the horrors he endured at the hands of the regime, the torture, and the loss of his identity. Carlos spoke of his resistance with a fervor that was both inspiring and terrifying. Ana realized that each story was a piece of the puzzle, an intimate glimpse into the struggle against oppression.

As the interviews progressed, Ana also reflected on her own life. She had grown up in a home that avoided talking about the dictatorship, as if silence was a form of protection. But now, immersed in tales of courage and pain, Ana began to understand the importance of remembering and telling these stories. The past was not something to be buried; it was an essential part of Brazil's identity.

Ana worked tirelessly, writing and compiling the stories she collected. Each account intertwined with the others, creating a vivid mosaic of resistance and the fight for freedom. She knew that the task was more than simply reporting; it was an act of resistance in itself. By giving a voice to those who had suffered, Ana was challenging the silence that had permeated society for so long.

Finally, after months of research and writing, Ana published her book, titled "Echoes of the Past." With the release of the work, she not only honored those who resisted but also invited Brazil to reflect on its history. The book was received with enthusiasm, reigniting debates about memory and truth.

The stories of Maria, Carlos, and many others echoed through its pages, creating a connection between the past and the present. Ana realized that although the dictatorship had left deep scars, the courage and resilience of those who resisted illuminated the path to a better future. And thus, the memory of the past continued to live on, echoing in the voices of those who had the bravery to tell their stories.

O Homem que Não Queria Morrer

———

João era um homem comum, levando uma vida normal em sua pequena cidade. Trabalhava no mesmo escritório há vinte anos, fazia as mesmas coisas todos os dias e evitava qualquer tipo de aventura. Não era que ele tivesse medo, apenas acreditava que o cotidiano monótono e previsível era o caminho mais seguro para a felicidade.

Isso foi até o dia em que recebeu a notícia fatídica. Em uma consulta rotineira, o médico o olhou com uma expressão séria.

"João, sinto muito, mas você tem uma doença terminal. Poucos meses de vida."

O mundo de João parou. Como assim "poucos meses"? Ele mal tinha começado a viver! Todas as coisas que ele queria fazer, todas as viagens que nunca fez, as pessoas que nunca conheceu, os sonhos que deixou de lado por conta de sua rotina confortável.

Depois de alguns dias de negação e autopiedade, João tomou uma decisão radical: se ele estava morrendo, então iria viver. Viver intensamente, sem limites. Assim começou a sua jornada de "não quero morrer agora".

O primeiro passo foi abandonar o emprego. Chegou no escritório, jogou seu terno no chefe e saiu rindo. Naquele momento, ele sentiu uma leveza que não sentia há anos. O segundo passo foi pegar todo o dinheiro que economizara ao longo dos anos – destinado a uma aposentadoria que ele nunca teria – e gastar o máximo possível.

João comprou uma moto, mesmo sem saber pilotar. Aprendeu de maneira desastrosa, claro. Sua primeira tentativa terminou com ele dentro de um arbusto, e o mecânico da cidade ria tanto que não conseguia sequer ajudá-lo a levantar a moto. Mas João não se importou, foi a primeira gargalhada genuína que ele ouviu em muito tempo, e ele estava determinado a continuar.

Em seguida, decidiu viajar. Escolheu o lugar mais distante que pôde pensar: a Patagônia. Ao chegar, ele se viu perdido em uma imensidão de gelo e montanhas, sem nenhum plano ou roteiro. Lá, encontrou um grupo de mochileiros que o acolheram, e antes que percebesse, João estava acampando ao redor de uma fogueira, bebendo vinho barato e contando sua história de "não querer morrer". Os mochileiros adoraram, riram e choraram com ele.

Um deles, uma jovem chamada Clara, ficou especialmente tocada pela história de João. Ela também estava em busca de algo mais na vida, cansada de sua rotina sem graça. Juntos, decidiram embarcar em uma aventura pelas montanhas, sem mapa, sem direção, apenas movidos pelo desejo de viver o momento. Eles se perderam várias vezes, quase congelaram em uma tempestade de neve, mas João nunca se sentiu tão vivo.

Ao longo de suas aventuras, João acumulou uma série de mal-entendidos e situações hilárias. Tentou escalar uma montanha e acabou rolando morro abaixo. Insistiu em pescar com as mãos em um rio gelado e quase perdeu os dedos. Fez amizade com um barman em um vilarejo remoto, que lhe ofereceu um desafio de beber uma bebida tão forte que "poderia matar um cavalo". João aceitou, claro, e desmaiou em seguida, acordando com uma ressaca terrível e uma nova tatuagem que ele não lembrava de ter feito.

Mas, no meio de todas essas loucuras, João percebeu algo importante: a vida não era apenas sobre grandes aventuras ou gestos grandiosos. Era sobre os momentos simples, as risadas compartilhadas, as conexões humanas que ele nunca valorizara antes. Sua amizade com Clara, sua camaradagem com os mochileiros e até seus encontros desastrosos o faziam perceber que viver plenamente não significava evitar a morte, mas sim abraçar a vida, com todos os seus erros e acertos.

Quando seus meses começaram a se esgotar, João retornou à sua cidade natal. Não como o homem que tinha saído, mas como alguém que finalmente entendeu o que significava viver. Sentou-se no bar local, pediu um último copo de cerveja e sorriu para o barman, sabendo que, apesar de tudo, ele havia realmente vivido.

The Man Who Didn't Want to Die

———

João was an ordinary man, living a normal life in his small town. He had worked at the same office for twenty years, did the same things every day, and avoided any type of adventure. It wasn't that he was afraid, he just believed that a monotonous, predictable routine was the safest path to happiness.

That was until the day he received the fateful news. In a routine check-up, the doctor looked at him with a serious expression.

"João, I'm sorry, but you have a terminal illness. A few months left to live."

João's world stopped. A few months? He hadn't even begun to live! All the things he wanted to do, the trips he never took, the people he never met, the dreams he had set aside for the comfort of his routine.

After a few days of denial and self-pity, João made a radical decision: if he was dying, then he was going to live. Live intensely, without limits. And so began his "I don't want to die just yet" journey.

The first step was quitting his job. He went to the office, threw his suit at his boss, and walked out laughing. In that moment, he felt lighter than he had in years. The second step was taking all the money he had saved for a retirement he would never have – and spending as much of it as possible.

João bought a motorcycle, despite not knowing how to ride it. He learned, disastrously of course. His first attempt ended with him crashing into a bush, and the town mechanic laughed so hard he couldn't even help him lift the bike. But João didn't care; it was the first genuine laugh he'd heard in a long time, and he was determined to keep going.

Next, he decided to travel. He picked the farthest place he could think of: Patagonia. When he arrived, he found himself lost in a vast expanse of ice and mountains, with no plan or itinerary. There, he met a group of backpackers who took him in, and before he knew it, João was camping around a fire, drinking cheap wine, and telling his "I don't want to die" story. The backpackers loved it, laughed and cried with him.

One of them, a young woman named Clara, was especially moved by João's story. She, too, was searching for more in life, tired of her dull routine. Together, they decided to embark on an adventure through the mountains, no map, no direction, just driven by the desire to live in the moment. They got lost multiple times, nearly froze in a snowstorm, but João had never felt so alive.

Throughout his adventures, João found himself in a series of misunderstandings and hilarious situations. He tried to climb a mountain and ended up rolling down. He insisted on fishing with his hands in a freezing river and almost lost his fingers. He befriended a bartender in a remote village who challenged him to drink something so strong it "could kill a horse." João accepted, of course, and promptly passed out, waking up with a terrible hangover and a new tattoo he didn't remember getting.

But in the midst of all this craziness, João realized something important: life wasn't just about grand adventures or big gestures. It was about simple moments, shared laughter, and human connections he had never valued before. His friendship with Clara, his camaraderie with the backpackers, and even his disastrous encounters made him realize that living fully wasn't about avoiding death, but embracing life, with all its messiness.

As his months started running out, João returned to his hometown. Not as the man who had left, but as someone who finally understood what it meant to live. He sat at the local bar, ordered one last glass of beer, and smiled at the bartender, knowing that despite everything, he had truly lived.

O Homem que Falava com o Vento

———

N a pequena vila costeira de Marisola, cercada por dunas e praias desertas, vivia um homem chamado Elias. Ele era conhecido por todos como o "homem que falava com o vento." Todos na vila viam Elias como uma figura estranha, meio reclusa, que passava horas a caminhar pelas falésias, escutando o som das rajadas e murmurando respostas ao vento como se fosse seu velho amigo.

Os moradores riam dele, achando que sua conexão com o vento era apenas fruto da loucura trazida pela solidão. "O vento trouxe os segredos do mundo, e Elias os escuta como se fosse um profeta", zombavam as crianças enquanto corriam pelas ruas poeirentas da vila. Mas Elias não se importava com as piadas. Para ele, o vento era mais do que ar em movimento — era um mensageiro, portador de histórias e avisos.

Um dia, os ventos mudaram. O suave sussurro que antes acariciava a costa começou a rugir, trazendo uma mensagem diferente. Elias caminhou até o ponto mais alto da falésia, fechou os olhos e deixou o vento envolvê-lo. O ar estava carregado de uma energia pesada, um prenúncio de algo terrível. O vento falava de uma tempestade, uma como Marisola jamais tinha visto.

Elias correu de volta para a vila. As nuvens escuras já começavam a se formar no horizonte. Ele tentou avisar os moradores, mas foi recebido com escárnio. "Ele enlouqueceu de vez", disseram. "Tempestades vêm e vão, não é nada de novo."

Mas, naquela noite, o céu desabou sobre Marisola. Ventos furiosos arrancaram telhados e árvores, e o mar se agitou como um monstro furioso. Os moradores correram para abrigos, aterrorizados, enquanto a tempestade rugia. No meio do caos, alguém lembrou de Elias, o homem que falava com o vento.

Ele estava na praia, de braços abertos, falando calmamente, como se estivesse tentando acalmar uma velha amiga furiosa. Contra todas as probabilidades, o vento começou a diminuir, e o mar recuou. A tempestade, que parecia querer destruir a vila, começou a ceder.

No dia seguinte, quando o céu clareou e o sol tímido reapareceu, os moradores se aproximaram de Elias com reverência. "Como você fez isso?", perguntaram. Elias sorriu com a simplicidade de quem carrega segredos antigos. "Eu não fiz nada", disse ele. "O vento me contou histórias de um passado que vocês se esqueceram. Esta vila, esta terra, carrega feridas que precisam ser curadas. A tempestade era apenas um reflexo dessas dores."

Intrigados, os moradores começaram a escavar suas histórias, seus próprios segredos, aqueles que o tempo tinha enterrado. Antigos rancores, tragédias não resolvidas, e erros esquecidos emergiram. Com o passar dos dias, as pessoas começaram a se reconciliar, a perdoar, a aceitar o que tinham deixado de lado por tanto tempo.

Elias continuou a caminhar pelas falésias, escutando as mensagens do vento, mas nunca mais foi visto como louco. Afinal, ele entendia algo que os outros não conseguiam: que o vento, assim como o passado, nunca deixa de falar, basta saber ouvir.

The Man Who Spoke to the Wind

———

In the small coastal village of Marisola, surrounded by dunes and deserted beaches, lived a man named Elias. He was known to everyone as "the man who spoke to the wind." The villagers saw Elias as an odd figure, somewhat of a recluse, who spent hours walking along the cliffs, listening to the sound of the gusts and murmuring responses to the wind as if it were an old friend.

The villagers laughed at him, believing his connection to the wind was nothing more than madness brought on by solitude. "The wind carries the world's secrets, and Elias listens to them like a prophet," the children teased as they ran through the dusty streets. But Elias didn't mind the jokes. To him, the wind was more than just moving air — it was a messenger, a bearer of stories and warnings.

One day, the winds changed. The soft whisper that once caressed the coast began to roar, bringing a different message. Elias walked to the highest point of the cliff, closed his eyes, and let the wind envelop him. The air was heavy with a dark energy, a premonition of something terrible. The wind spoke of a storm, one like Marisola had never seen.

Elias ran back to the village. Dark clouds were already forming on the horizon. He tried to warn the villagers, but they laughed. "He's finally lost it," they said. "Storms come and go, nothing new."

But that night, the sky unleashed its fury on Marisola. Ferocious winds tore off roofs and trees, and the sea raged like an angry beast. The villagers scrambled for shelter, terrified, as the storm howled. In the midst of the chaos, someone remembered Elias, the man who spoke to the wind.

He was on the beach, arms wide open, speaking calmly, as if trying to soothe an old, furious friend. Against all odds, the wind began to slow, and the sea receded. The storm, which had seemed determined to destroy the village, started to relent.

The next day, when the sky cleared and the timid sun reappeared, the villagers approached Elias with awe. "How did you do that?" they asked. Elias smiled with the simplicity of someone who carries ancient secrets. "I didn't do anything," he said. "The wind told me stories of a past you had forgotten. This village, this land, carries wounds that need healing. The storm was merely a reflection of those pains."

Intrigued, the villagers began to unearth their own stories, their own secrets, the ones time had buried. Old grudges, unresolved tragedies, and forgotten mistakes resurfaced. Over the following days, people began to reconcile, forgive, and accept what they had long left behind.

Elias continued to walk along the cliffs, listening to the wind's messages, but he was never again seen as a madman. After all, he understood something that others couldn't: the wind, like the past, never stops speaking — you just have to know how to listen.

9 798224 542789